그|림|이|있|는|시|집

그리움의 수혈

거부합니다

그|림|이|있|는|시|집

그리움의 수혈 거부합니다

초판 1쇄 발행 | 2018년 5월 08일
초판 2쇄 발행 | 2020년 6월 10일

글·그림 | 임경숙
발행인 | 김남석

발행처 | ㈜대원사
주　소 | 06342 서울시 강남구 양재대로 55길 37, 302
전　화 | (02)757-6711, 6717~9
팩시밀리 | (02)775-8043
등록번호 | 제3-191호
홈페이지 | http://www.daewonsa.co.kr

Daewonsa Publishing Co., Ltd
Printed in Korea 2018

ISBN | 978-89-369-2035-7

이 책의 국립중앙도서관 출판시 도서목록(CIP)은 e-CIP홈페이지(http://www.nl.go.kr/ecip)에서
이용하실 수 있습니다. (CIP제어번호 : CIP2018012480)

그 | 림 | 이 | 있 | 는 | 시 | 집

그리움의 수혈 거부합니다

글·그림 | 임경숙

대원사

두 번째 그림이 있는 시집을 내면서

밤사이 비가 내려서
예쁜 꽃잎새 지나 걱정했는데
가녀린 꽃잎새 하늘하늘
빗방울이 볼만 어루만지고
지나갔네요
미세먼지만 씻어내리고
푸른 새싹은 돋아나라고
물기만 적셔 주고 다녀갔네요
시련도 이처럼 고운 꿈은 남겨 주고 털어내야 할 것만 앗아간다면
내 안에 푸른 싹도 돋아날까요?
상처 입은 조개가 진주를 만들듯이 내 안의 상처로 영혼의 보석을 키울 수만 있다면
그 많은 눈물들은 보석의 반짝거림 되지 않나요?
바닷물에 곱게 씻겨진 모래알이여 얼마만큼 파도에 부서지면

그토록 보드라운 알갱이가 되는 것일까
나도 얼마만큼 모진 세월에 부서져야
모래알의 보드라움 갖게 되나요?
오늘도 내 마음엔
시련의 비가 내리고
오늘도 상처는 나를 슬프게 하고
오늘도 그리움의 파도는
나를 부서지게 합니다
오, 나를 더 나은 사람으로 거듭나라고
하늘이 내리신 축복이여, 은총이여!

2018년 5월 임경숙

차 례

차 례

얼마만큼

얼마만큼 아파야 끝이 날까
얼마만큼 울어야 하늘에 닿을까
얼마만큼 소망해야 위로가 될까
얼마만큼 비워야 변화가 올까
얼마만큼 몸부림쳐야 세상이 달라질까
얼마만큼 세월이 가야 편안해질까
아픈 하루를 오늘도 잘 견뎌 보려
아픔에 나를 맡겨 봅니다.

IM

그대들의 인생

파리
샹송
부서지는
시간
그리고
매혹적인
유혹들……
맘껏
취하시라
그대들의
인생을……
우린
슬퍼도
행복할 수
있습니다

아름다운 황홀

피아니스트의 손이
건반 위의 빛나는 햇살로 반짝이다가
물결이 되고
파도가 되어 철썩거린다
폭풍우와 천둥번개가 치는
무서운 열정의 휘몰아침…
나도 때론 그런 광기의 황홀에 빠져
허우적거리고 싶을 때가 있다
리스트도 그때 그랬을까?
미쳐서 아름다운 황홀에 물들었을까?

비 창

차이코프스키가
고통 속에 비창을 만들었고
비창을 들으면서
심장이 슬픔으로 터질까 봐서
왼쪽 가슴을 붙들고 다녔다는데
난 아픔의 보따리를 싸들고
비창의 음악만이 가득 찬 방 안에서
며칠이고 통곡을 하고 싶다.
하혈하듯이 질컹질컹 울고 싶다
그리하여 슬픈 기억을
흘려보낼 수 있다면……

IM

울게 하소서

나를 울게 하소서
지나온 발걸음 힘겨울 때
위로의 눈물 필요할 때
다시 나를 일으켜 세우고 싶을 때
이별의 아픔 통감할 때
치유가 필요할 때
용서를 구할 때
외롭고 서러울 때
막막하니 두려울 때
잡아 줄 손길이 그리워질 때
울게 하소서
나를 울게 하소서

장밋빛 인생

장밋빛 인생
당신도 꿈을 꾸시나요?
장밋빛 인생을…
굽이굽이 고통의 골목길 지나오면
푸른 초원에
장미꽃이 만발하는
무지개 꿈을 꾸시나요?
폭풍과 천둥번개
온몸으로 얻어맞고
그 혹독함 속에서
인내가 키워 낸
장미꽃 향기를
아시나요?
견디고
또 견뎌 낸
장밋빛 인생을 아시나요?

대니 보이

이렇게 추운 겨울날
색소폰으로 연주한
대니 보이를 들으면
가슴이 따뜻해진다
날마다 음악에 기대어
내 영혼은
비가 내리고
햇살이 비추이고
펄펄 눈이 내리기도 한다
심장에서 장미꽃이 뜯어져
휘날릴 때면
펑펑 울고 싶어진다

콜 리드라이-신의 날

막스 브루흐
콜 리드라이-신의 날
우울할 때면
이 곡이 몹시 그립다
신이시여
어디에 계시나이까
어찌하오리까
죄 많은 우리를 불쌍히 여기소서
기도하며 울부짖을 때에
모른 채 마옵소서
회개하는 마음에 겸손함을 주시고
뉘우치는 마음에 거짓이 없게 하소서
사랑과 배려, 공존의 가치를 알게 하시고
넘어져도 다시 일어서는 용기를 주소서
으깨어지는 포도송이처럼
참담한 날에
구원의 손길이 멀지 않음을 알게 하소서
아름다운 소망을 축복하시고
지혜의 날개를 펼치게 하소서

IM

라벨의 볼레로

시간의 춤을 출까요?
흘러가는 강물의 노래를 부를까요?
갯벌에 숨은 낙지가 되어
오늘도 내 일상의 뻘밭에서
깊이 잠수를 탑니다
소란스런 도회의 풍경보다는
텅 빈 수평선이 맞닿은 바닷가 풍경을
마음에 품고 조용히 살고 싶습니다
파도의 격렬한 음률에 맞춰
때론 그리운 몸짓의 춤을 추고요
기쁜 듯 슬픈 듯 꺼억꺽 울어 대는
갈매기의 날갯짓을 하면서
바다의 노래를 들으며 살고 싶습니다

IM

하얀 마음

오늘의
아름다움에
마음의 문을 열어 둡니다
날마다 되풀이되는 시간이지만
어제와 내일 사이의 틈새로
빛이 가득하기를
소망이 피어나기를
기도합니다
하얀 눈사람이 되어
하얀 발자국의 설렘으로
하얀 마음을 찍어 봅니다

IM

내 안의 그대

내 안의 그대
내 안에서 슬프게
울고 있는 그대!
세월 속에서도 저물지 않고
물안개로 피어나는 그대
만날 수 없어
영혼의 강물로만 흘러가는 그대
떠올릴 적마다
추억의 이슬방울로 반짝이는 그대
내 서러운 가슴은
바람 불지 않는 날에도 폭풍이 불고
구름 끼지 않는 날에도 비가 내립니다
세월은 나를 더 쇠약하고 흐릿하게 하는데
어찌하여 그리움의 세월만
더 또렷하고 생생하니 아플까요?
상처의 허기짐으로
이끌리는 예술가의 길을 걷게 합니다

남도 민요

우리의 창과 소리가 갈수록 좋다
슬프고 애간장 끓이는 가락이 좋다
한—모진 슬픔
독—오기
끼—뜨거운 기
열—열정과 노력
어린 시절 경기하다 기절하면 무당이 와서
징을 두드리고 구슬프게 노래 불러 주셨다

동네 머슴이 죽어도 상여 행렬에 끼어
무덤까지 따라가 하루 종일 울었다
풀지 못한 숙제처럼 유년기 슬픔이 못 박혀 있다
그 처절한 가락에 미움이나 원망, 불안도 녹여
상하지 않는 청정한 영혼을 건져 내고 싶다
슬픔에 절여지고 건조되는
소리의 명태로
허공에서 꺼이꺼이 떠다니고 있다
육자배기가 절로 새어 나온다

도취를- 망각을- 환상을 다오

그녀는 죽었고
그녀를 닮은 그림 속 여인들만
죽지 않은 그리움으로
세상을 떠도네
예술로 깨달음을 얻는 건 아니지
오히려 유혹에 빠져 헤매며
그리움 속의 불꽃으로 타들어갈 때
그 도취와 슬픔을 보여 주는 것
그것이 우리가 보는 화염들일지도 몰라
그것이 찌꺼기이며 비린내일지도 몰라
예술은 깨달은 자의 빛을 보여 주는 게 아니라
피 흘리는 현장을 생생히 느끼게 해주는 것일 뿐.
그래서 우리네 심장도 그 순간 홀려서 쓰라린 게지
누군가를 미치도록 유혹할 수 없다면
예술은 이미 진짜가 아니지
유혹하고 그 순간만은 함께 죽어도 좋을
망각과 도취를 선사해 주는 것

예술가는 그래서 현실 속에선 바보인지도 몰라
너무 똑똑하거나 깨어 있으면
보여지지 않는 세계
가짜를 진짜처럼
유혹하고 홀리는 마술을 부릴 수가 없지
결코 슬픔의 갑옷을 벗지 말아라
결코 피 흘리는 고통스런 심장을 싸매지 말아라
예술가여
유혹하는 영혼의 족속들이여
도취를— 망각을— 환상을 다오

나를 굳게 믿어요

바람이 물방울을 흔드네요
햇살이 잎새를 만지작거려요
작은 새가 모래알에 주둥이를 문지릅니다
이제 막 걸음마를 배운 아기가 뒤뚱거려요
주전자의 수증기가 창가를 맴돌고
커피 향이 창밖으로 손가락을 내밉니다
우리의 일상은 죽은 자의 허망함 앞에서도
한결같이 태평스럽습니다
내 눈물에도 언젠가는 무지개가 떠오르고
내 슬픈 노래에도 태양이 솟아날 것임을
나는 굳게 믿고 있어요
아름다운 꿈은 쓰레기 더미에서도
장미꽃을 피워 내는
멋진 힘이 있으니까요

소리의 우체부

비 오는 날 바이올린 소리는
가슴을 젖게 하고
눈 오는 날 바이올린 소리는
눈동자를 젖게 하네
고귀한 소리의 정령들이여
내 누추한 생각을 비우고
우주의 드높은 기상을 채워 다오
내 작고 옹졸한 못난 성품을
넓고 대범하고 아리따운
마음으로 씻겨 다오
소리의 향기로 온 세포를 곱게 물들인다면
나는 날마다
음악의 우체부가 되어도 좋으련만……

IM

아쟁 소리

애간장 끊어지는 소리
그만큼 애통절통한 소리
눈물을 쏙 빼는 환장할 소리
감히 저 소리 내기까지
얼마나 쓰디쓴
세월의 강을 건넜을까?
그 광대의 예술가는?
삶이 깊어질수록
나를 잠수시키고
익사시키고도 남을
뼈 속을 파고드는 진짜가 좋다
나도 저처럼 확 꼬라지를 뒤엎어버리는
진짜배기 뽑아내는
예술가가 돼야만 하리

나를 벗어나게 하소서

나를 두드려 주소서
내 어리석음을 두드려 주소서
내 욕심을 두드리고
내 불만을 두드리고
내 아픔을 두드리고
내 못남을 두드려 주소서
나무아미타불 관세음보살
목탁의 간절한 소망으로
나를 깨어나게 하소서
중생의 슬픔으로
생로병사의 올가미로
만남과 이별의 상처에서
나무아미타불 관세음보살
나를 벗어나게 하소서
사바의 고통과 오욕칠정에서

IM

오늘도
잘 참아내겠습니다

모래알로 희미하게 반짝일 때까지
바람으로 조심스레 지나갈 때까지
창문으로 한 번쯤은 드르륵 열릴 때까지
솜이불로 어둠 속에 쫙 펼쳐질 때까지
밥통 안의 쌀이 익어 김이 솟을 때까지
커피 향에 노래를 담아 다 마실 때까지
오늘도 힘껏 살아내겠습니다
선한 의지의 맥박으로
강한 얼음의 소망으로
흔들리지 않는 사랑의 축복으로
지금껏 버텨 온 경험의 축적으로
긍정하는 에너지의 생명력으로

IM

슬픔의 빙하

비가 내립니다
종일 가슴에도
우울한 비가 내립니다
어제 밤에도 정처 없이 밤길을 걸었지요
물소리가 개울로 흐르다가
내 마음의 시냇물로 흘러갑니다
어둠의 끝까지 걷다 보면
새벽이 만져질까요?
벗겨지지 않는
슬픔의 신발을 신고
잡아 주지도 않는 허공에다
빈손을 내밀어요
언제쯤이면 이 모든 고통에서 해방이 될까요?
너는 나의 심연…
눈물로 출렁이는 바다
지워지지 않는 어두운 블루
슬픔의 빙하입니다

아리랑

아리랑 아리랑
슬퍼서 어쩔끄나
추운 겨울 다 간다고
눈사람이 아리랑 아리랑
꽃은 피는데
화려한 봄을 맞이할 수 없어
지는 목련의 빈 가슴 어쩔끄나
떨어지는 꽃이 아리랑 아리랑
아파서 눈물짓는 아리랑
기뻐도 눈물 흘리는 아리랑
혼자서 맴맴 떠도는 아리랑
봄길이 어지러워
꽃이 눈물로 휘날리는 아리랑

IM

허공으로 비우는 마음

송광사절
마곡사절
통도사절
아름다운 자연과
깨달음을 추구하는 승려와 불자들
법고, 범종, 목어 두드리는 소리를 청합니다
천년을 이어 온 고승들의 지혜와 여유가
흐르는 물소리,
지저귀는 새소리에 담겨 있습니다
팔만대장경—풀어내면
"욕심 비우라"라고 하던가요?
집도 의복도 음식도 마련하지 않는 작은 새도
살아남는 법을 알고서 내일 걱정을 하지 않습니다
인간만이 20년 30년 후가 불안하여 불행해합니다
꾸미지 않아도 작은 흙더미에서
꽃과 향기를 피우는 풀들은 어디서 온 기적입니까?
인간이 작은 새보다 초라합니까?

인간이 어린 화초보다 꿈이 모자랍니까?
방하착 – 모든 것을 내려놓을 수 있을 때
길이 보이겠죠
빈손으로 온 인생길
허공으로 비우는 마음 키우렵니다

호기심의 낚싯대

바다를 보아도
커피를 마셔도
강아지를 키우고
나무에 매달려도
상상력은
불씨가 되어
즐거움을 선사합니다
늘 재미를 건져 내는
호기심의 낚싯대
오늘도 챙기셨나요?
큰 고래 낚아챌
집채만 한 미끼 챙기셨나요?

IM.

창의성이란

창의성이란 기존의 있는 것을
이용하여
낯설게 하기
익숙하게 보이기
충격을 주기
재미나게 하기
공감 주기 등이 있지요
그래서 너무 다른 것을
잇거나
잘라 내고
확대하거나
축소하며
과장하거나
생략하고
반복하면서
감성을 파고듭니다

IM

세상을 떠받드는 기둥

세상을 많이 뒤흔들고
뇌리에 깊게 각인된 작품들
살면서 탄생과 죽음
사랑하고 이별하며 병마와 싸우다 죽는 목숨들
그 사이의 긴장과 갈등
슬픔과 환희를 엮어 내는 것이
우리네 살아가는 드라마입니다
어차피 당하는 거라면
더 격렬하게 치르고 싶어 하는
별종이 예술인들이라면
그 소용돌이에 휘말리지 않고 수행하려는 구도자가
스님, 신부, 수녀, 목사 등 구도자입니다
보통의 사람들은 유별나지 않게
세상을 떠받드는 기둥들입니다
특별함보다 나날의 일상이
우리네 삶을 지탱하듯이

사랑에도 자유롭기를

사랑에도 자유롭기를…
그리움도 훨훨 민들레 꽃씨로
날려 보내고
언제나처럼 홀가분하기를…
눈물 흘리게 힘든 날에도
하늘의 푸르름 잃지 않기를…
바람으로 가볍게 스쳐가도
장미의 향기만은 실어 나르고
어린 새싹의 촉수로 싱그럽기를…
지금 이 순간에 몰두하고
작고 소박한 것에서 감동하기를…
노래하는 샘물이 되고
창공을 나는 새가 되어
오늘도 어제보다 풍요롭기를…

IM

눈을 감고 고요함에 머물러요

입을 닫고 소리에도 침묵해요
손도 가만히 쉬게 하고
발도 아무데도 가지 않아요
끝없이 생각을 끌어들이는
마음도 잠잠하게 가라앉히고
텅 빈 그릇으로 쉬고 있어요
나를 어지럽히는 과거도 없고
나를 불안하게 하는 미래도 없어요
지금 이 순간만 가득 차 있을 뿐…
반짝이는 별일 수도
덧없는 먼지일 수도
지나가는 바람일 수도 있습니다
모든 것을 다 내려놓고 존재합니다
비어 있는 그대로 충만합니다
여기에 내가 있고
시간과 공간이 나를 받아 주네요

내가 본시 어디에서 왔고
내가 원래의 자리로 되돌아감이
어디쯤인지 잘 모릅니다
숨을 쉬고 뇌가 반응하니 아직은 살아 있는 것입니다
알고 보면 삶과 죽음도 티끌 경계에 지나지 않네요
허망한 세월에 참 많이 사투를 벌였지요
이렇게 평화 안에 휴식도 있는데요
오늘이어서 감사하고
그저 살아 있어서 고마운 시간입니다
존재함만으로 빛나는 텅 빈 우주
그 안에 함께 있어서 좋은 살아 있음입니다

캔버스의 잠든 거인 깨우기

캔버스 앞에서 이를 갑니다
새를 그려도 날지를 못하고
사람을 그려도 손을 내밀지 않네요
파도를 그리려 해도 가슴에 파도치는
격렬한 폭풍이 일지 않고는 그릴 수가 없지요
영혼이 쪼개지는 슬픔이 없이는
함부로 블루의 깊이에 빠져들 수도 없지요
살아서 꿈틀거리는 격한 몸짓의 생명체들…
울다가 절망하다가 사물에 숨결을 불어넣는 일이
어려워 쌈박질해댑니다
마음을 반죽하고 비우고 패대기치면서
고흐를 불러 봅니다
얼마만큼 돌아버리면 색이 내 몸뚱이에서
슬슬 풀려나올 수 있는지를…
저 캔버스 안에 잠든 거인을 깨우기까지
결코 한 발짝도 움직이지 않을 겁니다

사랑의 기쁨

너는 행복하여라
너는 복이 되어라
외로움을 덜어 줄 협력자를 찾는 사람들이여
자기 십자가를 지고
죄에서 다시 일어서고
서로를 용서하고
상대의 짐을 서로가 져 주십시요
상대방의 자유를 존중하고
마음의 문을 열 때까지 기다리십시요
우리는 자비를 입었기에
자비를 베풀어야 합니다
이웃에 눈을 감을 때
하느님은 없습니다
사랑에만 속한 것을 상대에게 바라지 않게
내적 비움이 필요합니다
가정은 가장 가까운
병원이 돼야 합니다
참된 사랑은 언제나 과분하고
무조건적이고 무상의 것입니다
우리게 약속된 건 더 위대한 것이지요
상처받거나 걸려 넘어진 모든 이가
위로와 치유를 받을 수 있게
프란치스코 교황님과 함께
간절히 기도합니다
사랑의 기쁨으로……

IM

바람의 친구

공… 공허… 허망… 무상이여
어제는 있었으나 지금은 없고
얼마 전까지의 귀한 인연도 오늘은 만날 길이 없네요
누구를 믿고 누구를 의지하리오
지금은 내 곁에 머문다 해도 내일은 알 수 없음이여
모든 만상이 무상하며 덧없음을 알 때 지혜의 눈이 떠지는가?
바닥을 쳐야 뛰어오르고
한계에 부딪혀야 변화를 시도하며
고통 끝에 변곡점과 마주치는가?
나는 바람의 친구
나는 구름 나그네
나는 쉼 없이 흐르며 부서지는 폭포수
무엇을 믿고 무엇을 의지하랴
하늘 아래 헛되고 헛됨이 사는 일이니
무엇을 붙잡아 자신을 위로할꼬…
본래 나도 없었고
본래 너도 없는 존재였으니

지금 내 곁에 없는 너를 슬퍼한들
무슨 소용이 있으리오?
인연이 닿으면 모였다가
인연이 다하면 흩어지고 마는 바람인 것을…
아직 비우지 못한 큰 슬픔이
나더러 허공이 되라 하네
빈 하늘 같은 무심을 살라 하네

1만 시간의 법칙

글래드웰이 쓴 '블링크' 책에서
'1만 시간의 법칙'을 말했지요
재능이 있고 1만 시간 동안 그 일에 노력한다면
성공할 수 있다고요
30여 년 전 파리 그랑쇼미에르 작업실
이층은 모딜리아니의 아틀리에가 있고
아래층엔 고갱이 사용했던 마지막 아틀리에에서
그림공부를 했지요
풀 발레리 시인은 거의 매일 들러 커피를 마셨다죠
우리는 누구인가?
우리는 어디에서 왔는가?
우리는 어디로 가는가? —고갱
우리는 무엇을 해야만 하는가? —톨스토이
하루 5시간씩 그림을 밥 먹듯이 그리렵니다.
책에 미쳐 4년 반 동안 하루 10시간씩
3천 500권의 책을 만났을 때의 황홀감…
앞으로 10년간은 그림에 미쳐 1천 점을 그리는 목표가 내 영혼을 다시 가슴 뛰게 합니다.

'고갱' 당신을 뛰어넘겠어요

타이티 섬으로 가지 않아도

내 영혼의 원시 자연과 태양은 이글거리니까요

하늘은 무심히 구름을 나르고

햇살이 바다 위로 살랑거려서
내 눈에 눈물이 고이네요
바람이 나뭇잎에 건들거려서
내 손목이 저려 옵니다
하늘은 무심히 구름을 나르고
내 마음은 유심으로 빗방울이 됩니다.
오늘도 시간은 기회의 목마를 태워 주는데
네가 없는 대지는 현기증이 납니다
여름은 숨 가쁘게 과일의 무게를 저울에 달고
나는 그리움의 무게를
바람의 저울에다 실어 봅니다
아름다움에 시선을 모으고
어둠 속 찬란한 별이 되어
그대 위해 맑게 반짝이고 싶습니다

내가 더
아름답지 못함을 용서하소서

내 안에 꽃이 없음을 슬퍼합니다
어떻게 하면 날마다 꽃으로 피어
향기로운 기쁨 나눌 수 있나요?

내 안에 새가 없음을 슬퍼합니다
어떻게 하면 푸른 창공을 열어
고운 꿈 저 멀리 펼칠 수 있나요?

내 안에 백마가 없음을 슬퍼합니다
어떻게 하면 초원을 휘돌아
그리운 님에게 달려갈 수 있나요?

내 안에 바다가 없음을 슬퍼합니다
어떻게 하면 마르지 않는 사랑
날마다 파도로 속삭일 수 있나요?

슬픔의 볏단

밤새도록 가슴을 쪼았습니다
새는 부리가 있어
할 일 없을 때 나뭇가지라도 쪼며
자신의 작은 무기의 날을 세웁니다
사람은 무료할 때 연마시킬 부리도 없는데
잠깐이라도 탁 트인 허공을 날아오를
비상의 날개도 없는데
슬픔의 볏단을 쌓으며
영혼의 뒷골목을 배회합니다
어둠이 장벽을 쌓고
아픈 기억들이
추적추적 보슬비로 내립니다
온 신경이 울부짖을 때
붓을 들어 캔버스에다
울컥이는 울음보를 터트립니다
색은 굴러 떨어지고 나자빠지고
다시 부릅뜬 눈으로 일어섭니다
나만이 홀로 외롭게
밤과의 결전에 뛰어듭니다
슬픔의 볏단이 하나 둘 높아져 갑니다

새로움의 세계로

풀리지 않는 세상사를
캔버스에 올려놓고 들여다봅니다
너무 힘이 들면
"나를 버리지 마옵소서, 운명이여" 하다가도
"나를 비극의 한복판에서 으스러질 천둥을 주소서
하오나 가장 강렬한 사랑의 불에 녹여 주소서"
아름다움에의 유혹
타들어가는 강렬한 도취
온 세포가 깨어 일어나 우주의 신비를 엿보는
'미의 신탁'에 나를 불러 주소서
캔버스와 하나가 되어 다이아몬드로 정제되는
위대한 창조의 순간을 허락하소서
모든 정성을 다하여
아름다움이 내 영혼을 숨 쉬게 하고
미치게 하고
때로는 혼쭐을 놓아 버리기를
죽거나 말거나

오직 예술이

새로움의 세계로 나를 인도하기를

극대의 순간을

아름다움으로……

철없이 정처 없이

가을의
뜨락에서
그리움으로
물들고
방랑의
집시로
바람의
정처 없음으로
철없이
떠돌게 하소서
갈대처럼
하늘의 구름처럼
무심하게

날마다

날마다 비틀거리지만
살아내야겠다
날마다 저항하면서
순수함을 지켜내야겠다
날마다 사랑하는 마음만을
키워가고 싶다
날마다 아름다움에
나를 불사지르고 싶다
날마다 축복하고 감사함을
잊지 않고 싶다
날마다 어제보다는
더 좋은 사람으로 변모하고 싶다
날마다 하늘의 뜻을
향해 가는 천사이고 싶다

IM

유혹하는 여자들

유혹하는 여자들
팜므파탈은 싫다고 하면서도
왜 거기에 빠져들어 모두 헤맬까?
매혹하는 여자들은 모두
숨겨 놓은 독으로
자신을 사랑하는 남자를 마비시킨다
황진이
클레오파트라
비너스
카르멘
루 살로메
로미 슈나이더
때론 그녀들이
미모와 재능 지성을 갖추어
부럽기도 하지만
마릴린 먼로처럼
백치미 때문에
무장 해제시켜
혼쭐을 빼놓기도 한다
아이들이 사랑받는 것은
순진하고 연약해서인 것처럼
사랑받는 여인들도
순진과 연약함을 지닐 때
농익은 향기의 페르몬을 내뿜는가 보다

불멸의 용광로

사물이 내 눈에 파고듭니다
색상이 어떤 빛깔로 춤추며 오는지
아니 발광하며 뛰어오는지
아직은 잘 모릅니다
형상을 지닌 색들을 알아채지 못해
함께 놀다가 내가 먼저 쓰러질 때도 있습니다
이 빛깔들이 우주의 신비를
폭풍으로 휘몰고 올 수도 있는데
온전히 수용하지 못해
허망하게 부서질 때가 있습니다
나를 만나 꽃이나 바다
또는 구름으로 출렁이지 못한 채
사그라들 때도 있습니다
신의 손길이 내 생명의 세포 곳곳에 스미어
온전히 아름다움의 수용체로
거듭나기를 소망합니다
오늘도 내가 볼 수 있는 한계를
넘어서게 하소서
오늘도 내가 느끼는 것 이상을
흡수하게 하소서
오늘도 내 온몸이 탄생의 자궁으로
거듭나게 하소서
불멸의 아름다운 용광로에
이글거리는 불쏘시개가
되게 하소서

푸르고 푸른 슬픔

불면
자주 어둠 속에 깨어나
잠들 수 없는 영혼이 슬퍼집니다
참 살아가는 일이 하염없네요
무엇을 붙잡아 보겠다고
이리도 바둥대는지
털릴 일밖에 없는데 말입니다
그림에 대한 열정마저 놓아 버린다면
삶의 둑이 무너질 것 같은 허망함입니다.
눈물로도 씻어 낼 수 없고
기도로도 풀리지 않는 어눌한 소망들
이 가을에는 모두 내려놓았습니다
빛바랜 슬픔에라도 정직해질까 하구요
더 아래로 아래로 낮아집니다
거룩함이나 순결함을 찾는 게 아닙니다
삶은 너무 복잡하고 질펀합니다
이해받지 못하고 진심이 소통되지 않아 슬프지요

그래도 어찌할 수 없음이 인생사임을 알아갑니다
아프고 슬퍼서 하루에도 몇 번씩 눈물을 쏟아냅니다
펑펑 울고 있는 마음
그 푸르고 푸른 슬픔을
화폭에 출렁이도록 그려 내야
진정이 될 것 같습니다

불멸의 사랑을 꿈꾸며

왜 서둘러 떠나시렵니까?
비운다고 비워지나요?
숙명이 되어 온몸의 뼈가 삭을 때까지
기다리고 맑아지고 정제되는 사랑
진실이 되는 불멸의 사랑을 꿈꾸지요
태풍이 휘몰아쳐도 뿌리 깊은 나무는 흔들리지 않습니다
기다리다가 하얀 모래 가루로 흩날릴지라도
기다림의 동구 밖에 서서 그대를 기다릴게요
불멸의 사랑이 없는데 어찌 불멸의 아름다움을 느끼며
하늘을 향한 절대적 그리움이 없는데
어찌 절대의 그리움을
붓으로 형상화시킬 수 있겠습니까?
나의 뮤즈여
불멸의 아름다움 키워 나가는
천년의 사랑 꿈꾸겠습니다
나는 당신을 사랑합니다
그리움이 있는 한
사랑은 향기로운 꽃으로 피어날 것입니다
불멸의 사랑으로……

IM

운명의 뚜껑이 열리는가

운명의 뚜껑이 열리는 감동을 자주 받는다
사람이 주는 놀라운 섭리를…
날마다 행운이 파도로 밀려오고
대박을 치는 깜짝 놀랄 기대감이
충만한 하루하루의 일상이다
일이 잘 풀릴 것만 같다
아니 일이 슬슬 잘 풀려가고 있는 중이다
우주가 나를 향해 기회의 창문을 열어
날마다 희망의 천사를 보내 준다 믿고 있다
기적 같은 일들이 벌어지고 있다
정말 기적을 일으킬 만큼 열심히 노력하고 있다
돈이 많고 적음을 떠나 삶이 풍성해지는 존재감
내가 점화된 불꽃으로 시위를 떠난 화살로
우주와 하나가 된 느낌을 자주 받는다
스스로에게 겸손하게 더 낮아지라고 주문을 건다
날마다 기적의 한복판에 내가 서 있다
나는 순교자처럼 예술에 목숨을 걸었다

무상의 고요

외로움이 눈물 날 때도 있지만
혼자 있으면 감동스런 느낌 자주 맛보아요
무상의 고요가 넘나들고
평온한 사유가 반짝이는 충만감
비울수록… 작아질수록… 감사합니다
반야심경과 금강경을 읽고 사색하면서
살아 숨 쉬는 내 자신 안에 숨은 경전을
찾아내려 애써봅니다
모든 불안과 목마름을 내려놓고
가을 하늘로 푸르고 맑게 빛나고 싶습니다
깊은 슬픔은 더 깊어지게 하고
영혼을 어지럽히는 아픈 인연은 비우려 합니다
내 것이 아닌 것에 더 이상 마음 빼앗기지 않으렵니다
참된 것은 소중히 가꾸어 나가고
혼미하게 하는 것은 털어 내렵니다
단순하고 더 단순하게
소박하고 더 소박하게
살고 사랑할 것입니다

IM

소유가 아닌 존재로

돈이 시간이 되고
돈이 주인이 되고
돈이 밥줄이 되고
돈이 사랑이 되고
돈이 권력이 되고
돈이 목숨이 돼 버린 세상에서
돈이 없으면
개보다 못한 취급을 당하는 세상에서
돈 때문에 돌아서 회까닥하지 않게
축복의 기도를 드립니다
모든 것을 내려놓거나 비울 수 없으면
미치지 않고 살기란 어렵지요
무엇을 하든, 무엇을 먹든, 누구와 동행하듯
자신을 모든 것에서 얽매이지 않게 수행해야 합니다
우주 앞에 걸림이 없는 천둥벌거숭이의 훈련
치열한 자아 수련 없이는
자본주의 괴물 앞에 누구나 넘어질 수밖에 없습니다

사람이 사람답게 살기 위해
오늘도 영혼의 갈기 세우며 일어서야 합니다
소유가 아닌 존재로 버티고 살아남기 위해 꿋꿋이요

하늘이 익어간다

반딧불이처럼 반짝이는
색상이 번득인다
키르히너…
깊은 산골에서
불타는 화가의 붓질에
낙엽이 지고
하늘이 익어간다

IM

사바세계를
곱게 지나가게 하소서

밤새내 물소리가
심장 속을 흘러내립니다
내가 죽은
몇백 년 후에도
저렇게 맑고 청아하게
지리산 계곡물은
쉼 없이 흐를 수 있을까?
흐르는 물에
내 티끌 많고 흠 많은 생각
떠나보냅니다
흐르게 하소서
저 멀리 흘러
바다에 이를 때까지
어디에도 붙들리지 않고
비우고 비우며
사바세계를 맑고 곱게
지나가게 하소서

IM

들꽃의 향기도 되지 못하고

깊은 한밤중 추위에 꽃도 지고 벌레도 잠잠합니다
맨몸으로 견디는 풀벌레들은
일찌감치 알만 낳은 채
홀연히 어디론가 숨어 버렸네요
나도 때론 작은 풀벌레 되어
쥐도 새도 모르게 떠나갈 수 있다면
얼마나 깨끗한 죽음이 될까 떠올려 봅니다
우주를 가지고 놀 만큼 깊은 사유도 못 하고
들꽃처럼 단아하게 향기롭지도 못하고
흐르는 구름으로 천의무봉의 자유를
넘나들지도 못합니다
이대로 쓰러진다면
모자라고 부끄러워서
차마 그리움을 떨구지 못해서
슬픈 내 영혼이 온몸으로 피눈물을 흘리며
살다 갔노라고 말하겠지요
광활한 우주의 기상 품지도 못하고

들꽃의 해맑은 향기 되지도 못하고
구름의 자유 얻지도 못하여
작고 옹졸한 나를 슬퍼하다 갔노라고요

고요한 아침의 노래

그림을 보며
가라앉는다
내 속으로 깊이
더 깊이
심연은 어디쯤일까
내 안에서
색채의 샘물이 고요한
아침의 노래를
부를 그날이
언제쯤일까

색채의 하늘을 폴폴 날 수 있다면

아직은 색채의 탄광 앞에선
미아입니다
색채를 채광하려 땅속 깊이 파내려가
동굴을 파고 암석을 깨트리다
매몰되어 죽어도 좋을 각오로
색채의 거대한 벽 앞에서
절망감을 느낍니다
“열려라 참깨” 해도
색채의 비밀의 문이 열리지 않네요
언제쯤 색과 하나가 되는 경지
그냥 내가 색채가 되는 날이 올까요?
꺼내 쓰는 대로
무지개가 되고
별이 되고
반딧불이가 되고
장미꽃이 되는
색채의 하늘을 폴폴 날 수 있을까요?

고독하지 않은 사람이 있나요?

고독하지 않은 사람이 있나요?
티내지 않을 뿐
외로움 잊기 위해 일에 몰두하고
사람을 만나 웃고 떠들 뿐
잠들지 못한 불면의 밤이면
시간의 절벽 앞에서
내가 얼마나 무력한 존재인지
처절한 고독과 단절감으로
우주 앞에 내던져진 불안한 하루살이 같지요
진실에 마주치기 싫어
일에 몰두하거나 권태로 삶을 탕진할 뿐
고독함이 삶의 밑바닥이라면
솔직히 딛고 일어서야죠
슬픔에 익숙해지는 것
운명 앞에 당당해지는 것
시간의 바다에서 의미의 물고기를 낚는
강인한 어부로 버텨 내야죠

IM

그리움의 수혈 거부합니다

마음 상하지 않게
마음 부서지지 않게
마음 헤프게 피 흘리지 않게
마음 아파서 쓰러지지 않게
마음 힘들어 울음보 터트리지 않게
마음 절망으로 무기력하지 않게
오늘만은 꽁꽁 싸매서
마음을 숨겨 둡니다
비밀이 없는데도
비밀의 열쇠를 채워 둡니다
그 누구에게도
내 마음 도둑맞지 않고
냉차게 거절당하지 않고
그리움 따위로 매달리지 않게
오늘은 더 깊숙이 보관합니다

내 마음이 내 뜻대로
내게 속할 수 있도록
타인의 유혹일랑은
모두 차단하였습니다
그리움의 수혈
오늘은 거절입니다
나는 나로써 족하고 싶은
하루입니다

막살지 않는 업장소멸

엄마 내 말 안 들으면
막살아 버릴 거야
막산다는 건 함부로 산다는 건 무엇일까 아들아
하느님 내 말 안 들으면
막살아 버릴래요
막살고 함부로 산다는 건 무엇일까 인간
외로운 날에도 내 안의 감옥에서 탈옥하지 않고
고독에 푹 썩다 보면 영감의 실타래가 풀려집니다
숨 막혀 오는 슬픔의 잔이 내 몫이라면 울면서 마실게요
업장소멸, 그 풀리지 않는 수수께끼로
나를 온전히 비울 때까지 두드려 맞겠습니다
막살고 함부로 살려는 다스려지지 않는 마음의 길을
매 맞으면서, 절뚝이면서, 털려가면서……
혼탁한 마음이 다이아몬드로 빛날 때까지
업장소멸, 업장소멸… 하겠습니다

나를 위로하기

한밤중 깨어나 잠이 안 오면
무를 채 썰어 상큼하니
식초 설탕 넣어 채지를 담는다
먹으니 참 좋더라
이튿날 한밤중엔 멸젓 넣은 부추김치를 담는다
먹어보니 참 좋더라
오늘은 어깨 아프다고 쉬는 것도 지루해
더덕과 돼지 삶은 고기를 고추장에 버무려 냄비에 쪄본다
봄의 향기 너무 좋아
소주 두 잔 걸치고
또 햇살에 살갗을 쏘여 보니
참 좋더라
세상사 별거더냐
이렇게 유유자적 놀기도 하는 거지
먼 산에 뻐꾸기 시절 만나… 뻐꾹
나도 춘삼월에 봄을 마신다 버벅국

나는 동행자입니다

밤새 뒤척입니다
나는
보초병입니다
마음이 아파 옵니다
나는
동행자입니다
너무나 보고 싶습니다
나는
기다림입니다
네 편이 되어 지키겠습니다
나는
운명적인 사랑입니다

눈이 내린 날

눈이 내린 날
눈처럼 나를 깨끗하게 하소서
눈이 되어 소박한 축복을 나누는
12월이 되게 하소서
얼마 남지 않은 한해의 끄트머리에서
눈길을 밟듯이
아름다운 발자국 남기게 하소서
못나고 미운 것은 모두
하얗게 표백시키고
감동과 신선한 새해를 맞이하도록
검은 가슴 새하얗게
날개 달아 주소서
사랑하고
소망하는 세월에게도
눈송이 방울 달아 멀리까지
곱게 울려 퍼지게 하소서

그리움도 축복이지요

보고 싶을 때 달려갈 수 있는
그리움이 있다면
축복입니다

쓸쓸한 날에 눈물 흘려도 좋은
받아 주는 어깨가 있다면
행운입니다

따뜻이 두 발을 뻗을 수 있는
나만의 방이 있다면
부유합니다

멋진 세상 볼 수 있는 눈이 있고
언제고 원하는 곳에 오고갈 수 있다면
자유입니다

마음껏 나를 키울 수 있는 일이 있고
감사하게 살 수 있다면
은총입니다

어떤 시련에도 변치 않을 소망으로
아름다운 꿈을 꿀 수 있다면
사랑입니다

가슴을 뛰게 하고
살아야 할 이유가 된다면
그것은 운명입니다

기도 1

주여, 나를 불쌍히 여기소서
내 눈이 천체 망원경이 되어
우주의 아름다움에 홀리게 하소서
온 마음으로 은하계를 바라보고
내 눈에 반짝이는 별 하나 뜨게 하소서
내 영혼이 장미꽃에 꿀을 빠는 벌이 되어
달콤함을 맛보게 하소서
온몸에서 풍기는 꽃의 향기로
태풍이 불어와도
그 낙원을 기억하게 하소서
비가 오고 눈보라칠 때도
흙속에 숨은 꽃씨의 비밀을
오래 간직하리니
인생의 괴롭고 쓸쓸한 날에
나를 껴안아 주고 감싸 준 고마운 손길로
버티고 인내할 힘을 주소서
비록 이 세상의 나그네로 왔으나
동행하는 별이 되어 반짝이게 하소서

IM

기도 2

주여, 나를 불쌍히 여기소서
햇살로 반짝이는 아름다운 풍경을 감사합니다
살면서 나는 누구의 빛나는 풍경이 될 수 있었습니까?
바람결에 전해 오는 커피 향을 감사합니다
살면서 나는 누구의 커피 향으로
기쁨이 될 수 있었습니까?
새벽녘 청아한 새소리를 감사합니다
살면서 나는 누구의 청아한 새로 위로를 줄 수 있었습니까?
온갖 채소와 과일이 맛있는 음식이 되니 감사합니다
살면서 나는 누구의 허기를 달래 주는 밥이 될 수 있었습니까?
나의 부족함을 용서하시고
빛나는 풍경이 되고
기쁨의 커피가 되고
위로의 새소리가 되고
허기 달래는 밥이 될 수 있도록
나를 변화시켜 주시고
이끌어 주옵소서

그리하여 상처의 아픔 대신에

포근한 치유가 될 수 있도록

주여, 나와 동행하소서

감사함으로

높은 산이 좋은 건 많은 것을 품고
변함없이 거기에 있기 때문
넓은 바다가 좋은 건 깊고 깊어서
수많은 물고기를 키우기 때문
하늘이 좋은 건 끝없는 우주 담고 있어
넉넉하기 때문
흙이 좋은 건 밑바닥이 되어
지구의 모든 걸 지탱하기 때문
태양이 좋은 건 빛과 따사로움으로
변함없는 사랑 나누기 때문
물이 좋은 건 목마름을 적셔 주고
모든 걸 깨끗이 씻어 주기 때문이죠
이토록 풍성한 생명의 조건 한복판에서
모든 것을 누리는 이 축복은
누구의 고귀한 행위 때문입니까?
난 아무것도 한 게 없는데
날마다 삶으로 이끄는 눈부신 섭리여!
서로 정을 나누며 살도록
혼자서는 부족하게 외로움을 주시고

혼자서는 채워지지 않게 그리움을 주신
영혼의 목마름이여!
햇살처럼 따뜻이 살라고
꽃처럼 향기롭게 살라고
물처럼 서로 씻어 주며 살라고
산처럼 오래 품어 주고 살라고
우릴 지구에 초대하셨습니까?
아무 조건 없이 덤으로 받은 목숨
선물이 되어 넉넉하게 살겠습니다
멋진 매혹이 되게 나를 키우며
이 모든 행운을 감사합니다.

다 괜찮아

다 괜찮아
네가 없는 하늘에도 햇살이 비추고
네가 없는 들녘에도 봄은 오니까
다 괜찮아
네가 없는 저녁에도 별은 빛나고
네가 없는 거리에도 꽃은 피니까
다 괜찮아
네가 없는 인생도 흘러가고
네가 없는 외로움도 익숙해지니까
다 괜찮아
미지의 내일도 희망으로 다가오고
이별 후에도 만남은 계속되니까
다 괜찮아
생명이 있는 한 모험할 수 있고
더 큰 사랑은 모든 것을 이겨 내니까

IM

나이 들어 좋은 일

살아가는 일은 조금씩
분별력이 생기는 성숙함이지요
나이 들어감은 보다 많은 것을
껴안을 수 있는 여유로움입니다
보다 중요한 것을 먼저 하고
시간을 아껴 쓸 수 있게 철드는 것입니다
인내하고 기다리는 마음의 보폭이
훨씬 넉넉해지는 시기입니다
경험한 만큼 많은 걸 감사하고
노력한 만큼 결실도 맺게 되지요
일이 잘 안 풀려도 조급하지 않고
내 힘으로 안 되는 건
하늘의 뜻에 맡길 줄도 알지요
내 것이 아닌 것은 비우지만
끝까지 비워지지 않는 건 안고 가지요
추억도 안고 상처도 안고
비밀도 안고 그리움도 안고 갑니다
오래된 기억의 소중함과
새로운 영감의 통로도
열어 둘 줄 압니다
지금 죽어도 서운하지 않을
나의 삶을 치열하게 살아온 풍요로움과
고통과 슬픔조차도
또 하나의 에너지임을
아는 나이입니다
열심히 살지만 인생은 무상하고
모든 건 흘러가니 자유로워져야겠죠
인연 따라 와서 인연 따라 떠나감을
받아들이는 지혜입니다

아름다운 별

기다리다가
홀로 그리움의
산이 되고
바다가 되어도
그대는
침묵만 하는
나의 슬픔입니다
오지 않는 별에게 손짓하면은
밤은 더 깊은 어둠으로 화답하고
하늘은 더 멀어지기만 해서
내 영혼은 하나씩 비워져 갑니다
죽는 그날까지 만날 수 없다 하여도
내 사랑은 끝나지 않겠지요
사랑하며 사는 일이
내가 사는 이유입니다
우리 다시 만날 수 없다 하여도
내 사랑은 그대뿐입니다

씻기어진 내 영혼이
속삭이는 가랑비로 내리고
따사로운 햇살로 내리며
그리움의 눈으로 내려도
그대는 오직 나만의
별입니다

가을이 빗방울로 내리면

가을이 시입니다
가을이 그림입니다
가을이 노래입니다
가을이 커피입니다
가을이 그리움입니다
가을이 정원입니다
가을이 풍경입니다
가을이 로맨스입니다

가을이 빗방울로 내리면
함께 떠내려갈까요, 우리?
가을이 낙엽으로 물들면
함께 빨갛게 번져 볼까요, 우리?
가을이 쓸쓸함으로 자지러지면
우리 둘이서 사랑에 빠져 볼까요, 함께?
가을이 내 안에서 하루에도 몇 번씩
유혹하는 불꽃으로 타오릅니다

IM

경이로움을 살아내는 일

밥을 먹듯이
그림을 그리고
숨을 쉬듯이
그리움의 꿈을 꾸고
눈을 뜨거나
눈을 감아도
아름다움만 바라보는
남은 세월
그렇게 단순해질래요
오직 하나
꿈을 꾸고
그 꿈에서
영원히 깨어나지 않는 건
경이로움을
살아내는 일

가을의 성숙에 익어가고 싶다

가을
가을의 색채에
화려한 유혹에
함께 타들어가고 싶다
아픈 그리움으로
빨갛게 노랗게
뼛속까지
황홀하게
물들고 싶다

가을
가을의 성숙에
함께 숨구멍까지
익어가고 싶다
황금 벼이삭으로
빨간 고추로
고개 숙이며
짜릿하고 톡 쏘게
내 심연 깊숙이까지
농염하게 익어가고 싶다

시각의 차이

같은 곳을 바라보아도
각기 다른 시각이 필요해
하늘에 구름이 흘러가는데
배가 항해하듯이 표현할 수 있지
다른 은유
다른 해석
다른 느낌
다른 개성
다른 상상
다른 이미지가 떠올라야 해
표현 방식은 제멋대로이고
다양할수록
풍부해지지
늘이거나 생략하거나 덧붙이거나
서로 다른 것끼리 연결하거나
차용하고 강조할 때
보다 더 참신함을 느끼겠지
이 세상에 영원한 새로움은 없어
조금의 변화, 반전, 돌연변이가 있을 뿐이지
예술가는 그 작은 변화를 표현하기 위해
용을 쓰는 거지만…
알고 보면 목숨을 거는 일들도
다른 사람의 입장에서 보면 시시하고
하찮은 일일 수가 있겠지
나의 베아트리체가
그대 눈에는 별 보잘 것 없는
돈키호테나 풍차일 수도 있으니까
의미 부여의 차이
얼마나 애정이 있느냐의 차이겠지
세상을 귀하게 여기면
모든 것이 소중하고
세상을 허무하게 보면
모든 것이 덧없는 그림자일 뿐이겠지

IM

샤 갈

무슨 말이 필요해
샤갈인데
혼자서는 옷도 잘 갈아입지 못하고
물건 하나도 살 수 없게 소심한데
그림 그릴 때만 부활하는 남자
하늘에서 수없이 지상으로 낙하를 해도
하얀 말을 타고 공중 비행을 해도
두려움이 없는 거친 사나이
그는 현실에서 무력할수록
상상 속에선 슈퍼맨이 된다
어린애의 감성을 잃지 않은
샤갈의 천진함이 그래서 좋습니다

손을 내밀면

내 손을 꼬옥 잡아 줘
아침이슬로 내리면
풀잎새로 젖고
바람꽃으로 불면
라일락 향기로 흩뿌려 줘
멀리서도 내 심장을
설레게 하는
무지개는 하늘에서 뜨고
그리움의 무지개는
내 영혼의 바다 위에 뜬다
내가 너를 부르면
햇살로 달려와 줘
언제든 너를 따사로이
느낄 수 있게
오늘도
기약 없는 방랑자의
바람구두 위로
길 잃은 아기 새 한 마리
포르르 숨어들고 있다

그대를 축복합니다

보지도 못하고
듣지도 못하고
만나지도 못하지만
믿음 안에서만 살아계시는
주님께 기도하듯이

함께 놀지도 못하고
함께 여행 가지도 못하고
함께 식사할 수도 없지만
마음 안에만 건재하시는
부처님께 염불하듯이

나 그대에게 기도합니다
나 그대에게 염불합니다
나 그대에게 속삭입니다
나 그대에게 공을 들입니다
나 그대에게 마음을 줍니다

아주 오래된 인연의 씨앗으로
영롱한 아침이슬의 반짝임으로
상큼한 장미향의 스며듦으로
따사로운 햇살의 포근함으로
달콤한 벌꿀의 기분 좋은 입맛으로

그대를 축복합니다
그대를 동행합니다
그대를 만납니다
그대를 소망합니다
그대를 사랑합니다

임 경 숙

전남 해남 출생

1985년

프레리드라퍽뜨 의상과 데생학교 졸업

코스튬 떼아뜨르 연극의상학교 수료

죠오즈 샤레르 교수에게 판화 사사

파리8대학 그룹전

프랑스 젊은 디자이너 신인상 수상

퐁피두센터 아시아 여성 최초 두 차례 초대 패션쇼와 행위예술

유럽 아카데미 예술협회에서 동메달 수상

1986년

소금창고 초대 제1회 판화 개인전

금호문화재단 초대 제2회 판화 개인전 및 행위예술

1987년

주불 한국문화원 초대 판화전

1988년

시집『나는 생을 노래하네』출간

1989년

한·일 퍼포먼스 페스티벌

박종철·이한열 열사를 위한 죽음 퍼포먼스

1991년

개봉작 〈겨울애마… 봄〉 시나리오 집필

문화체육부 후원 폴란드 국제 퍼포먼스 페스티벌 참가 및 케냐, 인도, 이집트, 그리스 등 9개국 공연 여행

예술의 전당 D.M.Z. 그룹전

포항제철, 광양제철 초대 산업근로자를 위한 행위예술

경인미술관, 제3회 유화 개인전

1992년

대성리 설치 미술제 중 '정신대 통곡' 행위예술

수필집 『혼자 사는 여자』 공동 집필

수필집 『배꼽에 바람을 넣고』 출간

1993년

경인미술관, 제4회 유화 개인전

시인협회 초청 '한글을 위한 퍼포먼스'

1995년

대한민국 미술의 해 오프닝 퍼포먼스 〈문화 건설〉, 인사동

삼성항공 초대 전국 순회 퍼포먼스(6회)

수필집 『프로는 말이 없다』 공동 집필

1995~1998년

매 맞는 여성, 성폭력, 가정폭력 방지법 제정을 위한 퍼포먼스 다수

한국은행 초청 퍼포먼스 〈양심의 저울〉

살레시오 수녀회 초청 '아시아 일치를 위한 퍼포먼스', 잠실역도체육관

2000년

영원한 도움의 성모 수녀회 초청 퍼포먼스 〈너는 복이 되리라〉, 장충 체육관

도봉도서관 초대 〈너, 폐품? 아니, 나 작품〉 제5회 정크아트 개인전

2001년

안동대 초청 '퇴계 탄생 500주년 기념 퍼포먼스'

2002년

인도 아시아 여성 인권 세미나 초청 퍼포먼스 〈평화〉

2004년

KBS홀, '무용가 최승희를 위한 퍼포먼스'

2005년

평화화랑 초대 제6회 천연염색아트 개인전

수필『천권의 책을 읽어야 아송이처럼 시인이 된다』출간

2006년

살레시오 청소년 영성수련원 초청 퍼포먼스 2회

2007년

천연염색 그룹전, 서호화랑

살레시오 청소년 영성수련원 초청 퍼포먼스 2회

2008년

미국 뉴저지 한인 상록회 초대 '효를 위한 퍼포먼스'

살레시오 청소년 영성수련원 초청 퍼포먼스 2회

수덕사 초청 '시를 위한 퍼포먼스'

책 3,000권 읽기 시작(7월)

연세대 미디어아트센터, 상상력과 예술을 위한 특강 2학기

연세대 미디어아트센터 초청 퍼포먼스 〈Bodi-mation〉

2009년

인사동 보존회 초청 퍼포먼스

러시아에서 포르투갈 8개국 박물관 기행 및 이미지 여행

살레시오 청소년 영성수련원 초청 퍼포먼스 2회

연세대 미디어아트센터 초청 '상상력을 위한 퍼포먼스'

2010년

연세대 미디어아트센터 초청 '상상력을 위한 퍼포먼스'
살레시오 청소년 영성수련원 초청 퍼포먼스 2회
몽골, 중국 살레시오회 초청 환경을 위한 퍼포먼스
시집『아름다운 세상, 가슴에 품고 싶어서』출간

2011년

연세대 미디어아트센터 초청 예술과 상상력을 위한 특강
살레시오 청소년 영성수련원 초청 퍼포먼스 2회
홍사단 초청 '책과 예술' 강연

2012년

책 3,000권 읽기 끝냄(2월)
연세대 미디어아트센터 초청 '상상력을 위한 퍼포먼스'
살레시오 청소년 영성수련원 초청 퍼포먼스 2회

2013년

아트스페이스 소사 〈천연염색과 도예전〉 제7회 개인전
살레시오 청소년 영성수련원 초청 퍼포먼스 2회

2014년

미술세계 주관 〈아! 대한민국〉 초청 단체전
대한미협 〈동계평창올림픽〉 단체전
오사카전, 로마전 은상 수상
살레시오 청소년 영성수련원 초청 퍼포먼스 2회

2015년

교육연구위원회 초청 문화 퍼포먼스
대한미협 100인전 올해의 작가상 수상
뉴욕 단체전

2016년

살레시오 영성 수련원 퍼포먼스, 코엑스

2017년

제8회 개인전, 올화랑

홍콩 아트페어 참가

LA 개인전

평창올림픽 개최 위한 정선 단체전

시집『나도 한 번쯤은 사랑의 송곳에 못 박혀』출간

2018년

M화랑 제10회 개인전

담화랑 제11회 개인전

라피 미술관 초대 3인전

대한매일 신문 탑리더스 대상

스포츠 동아일보 신지식인 대상

2019년

뉴욕플러싱 타운홀 제12회 개인전

골든튤립 프랑스 호텔 제13회 초대 개인전

삼청동 Gallery 1 제14회 초대 개인전

시카고 박물관 초대 단체전

요르단 한국인 초대 6인전

중국 위안시 초대 단체전

시사 신문사 반추상화 대상 수상

2020년

조선일보사 제15회 개인전